Inhaltsverzeichnis

Vorwort

Immer wieder kommen Kinder – auch während des laufenden Schuljahres – in unsere Klassen, die über keine oder kaum Deutschkenntnisse verfügen. Die schnelle Integration dieser Kinder ist eine schwierige, wenn auch sehr wichtige Aufgabe für uns Lehrkräfte, vor allem dann, wenn wir die Muttersprache des Kindes nicht selbst beherrschen.
Wenn die Kinder bereits lesen und schreiben können, bieten die vorliegenden Materialien einfache, sinnvolle Aufgaben, die die Kinder schon nach kurzer Zeit selbstständig bearbeiten können. Sie können besonders sinnvoll während des Unterrichts, der Freiarbeit oder für die Hausaufgaben genutzt werden. Sollten Ihre Kinder noch über keinerlei Deutschkenntnisse verfügen, empfehle ich das vorherige Bearbeiten der Materialien aus „DaZ Fit • Ich lerne Deutsch Band 2 – Systematische Sprachförderung für DaZ in der Grundschule".

Ich wünsche Ihnen viel Spaß und Erfolg mit diesem Heft!

Sonja Thomas

Allgemeine Hinweise

Die Hefte der Reihe **„Ich lese Deutsch"** beschäftigen sich mit einer Vielzahl an Themen, die sich an der Lebenswelt der Grundschulkinder orientieren. Das Material kann begleitend zu den Heften der Reihe **„Ich lerne Deutsch"** genutzt werden, deren Aufgaben sich zunächst dazu eignen, den Wortschatz der Kinder aufzubauen und zu erweitern und ihr Vokabel- und Grammatikverständnis über verschiedene Übungen anzubahnen und zu vertiefen (z. B. Sonja Thomas: „DaZ Fit • Ich lerne Deutsch Band 2 – Systematische Sprachförderung für DaZ in der Grundschule", BVK Buch Verlag Kempen, 2015). Das hier angebotene Material greift auf denselben Wortschatz zurück, bietet allerdings Übungen an, die sich vor allem für die Leseförderung und ein komplexeres Textverständnis der Kinder eignen. Natürlich können die Arbeitsblätter auch vollkommen losgelöst von der anderen Reihe verwendet werden.

Die Arbeitsaufträge im gesamten Heft sind kurz gehalten und mit Piktogrammen versehen, sodass sie von möglichst vielen Schülerinnen und Schülern verstanden werden können. Zusätzliche Dekorationselemente auf den Arbeitsblättern wurden vermieden, um die Aufmerksamkeit der DaZ-Schülerinnen und Schüler auf das Erlernen der fremden, neuen Sprache zu fokussieren. Eine gut lesbare Schrift, klare Strukturen und eindeutige Illustrationen sollen dem Kind Sicherheit beim Lernen geben.

Bei der Konzeption der Aufgaben wurde auf das vom Max-Planck-Institut für Bildungsforschung veröffentlichte Modell der **Lesekompetenzstufen** zurückgegriffen. Allerdings finden nur die ersten drei Stufen Beachtung, da es sich bei der Zielgruppe dieser Reihe nicht um Muttersprachler handelt. Stattdessen sollen DaZ-Kinder ein besseres Verständnis für deutsche Sätze und Texte erlangen, da sie oft nur auf einen begrenzten Wortschatz zurückgreifen können. Die Lesekompetenzstufe 1 umfasst dabei Aufgaben mit dem Ziel des oberflächlichen Verstehens einfacher Texte.
Aufgabenformate der Lesekompetenzstufe 2 erfordern das Herstellen einfacher Verknüpfungen von den Kindern.

Aufgaben der Lesekompetenzstufe 3 verlangen von den Kindern bereits, dass sie Textelemente in der neuen Sprache integrieren und Schlussfolgerungen ziehen können.
Die Aufgaben variieren so, dass sie den Kindern die nötige Abwechslung bringen, zum anderen aber auch einen Wiedererkennungswert für die Kinder liefern, sodass sie mit den vorliegenden Materialien sehr selbstständig arbeiten können. Aufgaben desselben Typus werden daher mit einem bestimmten Symbol gekennzeichnet.

Symbol „Themenexperte“:

Arbeitsblätter mit diesem Symbol eignen sich vor allem für Kinder, die schon mit den Materialien aus „Ich lerne Deutsch“ gearbeitet haben, da sie sich thematisch an diesen orientieren. Sie können aber auch themenunabhängig mit dem Ziel der Festigung und Sicherung der angebotenen Themengebiete genutzt werden.

Symbol „Zeichenexperte“:

Dieses Symbol kennzeichnet Arbeitsblätter, bei denen die Kinder Textinformationen aus kurzen, einfachen Sätzen analysieren, mit einem Bild abgleichen und fehlende Details auf Bildern ergänzen.

Symbol „Finde den Fehler“:

Diese Arbeitsblätter liefern Wörterreihen, die inhaltlich oder formal kategorisiert werden müssen. Die Kinder müssen das Wort einer Reihe identifizieren, das nicht zu den anderen genannten Wörtern passt.

Symbol „Richtig oder falsch?“:

Bei diesen Aufgaben müssen die Kinder einfache Verbindungen zwischen dem Gelesenen und dem ihnen bekannten Alltagswissen herstellen und so verschiedene Sätze auf ihre Richtigkeit hin überprüfen.

Symbol „Verbinde die Bausteine“:

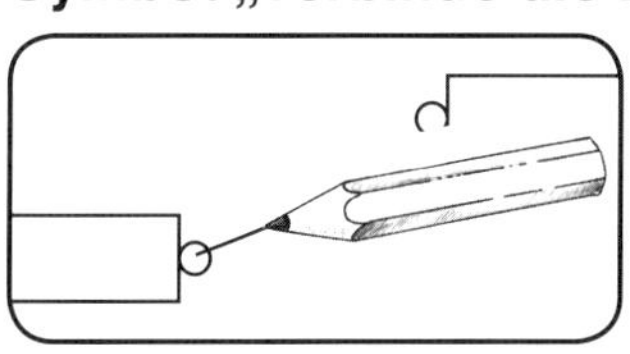

Arbeitsblätter mit diesen Aufgabenformaten erfordern von den Kindern, einfache gedankliche Verknüpfungen zwischen erlesenen Informationen herzustellen und mit einer begrenzten Anzahl von konkurrierenden Textteilen umzugehen. Sie sollen Satzbausteine zu sinnvollen Sätzen verbinden.

Symbol „Knobelaufgabe“:

Diese Aufgaben fordern von den Kinder, verschiedene Informationen eines Textes zu erschließen, auch wenn diese nicht auf Anhieb erkennbar sind und deren Bedeutung erschlossen werden muss.

Name: ________________________ Datum: ____________

Für Zeichenexperten 1

Lies die Sätze und male.

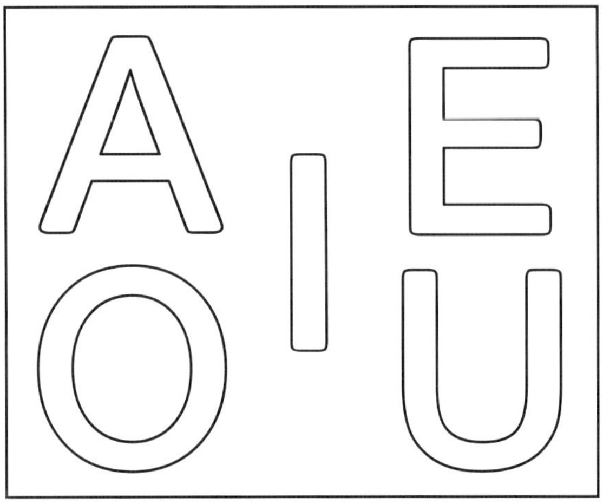

Die Buchstaben haben viele Punkte.

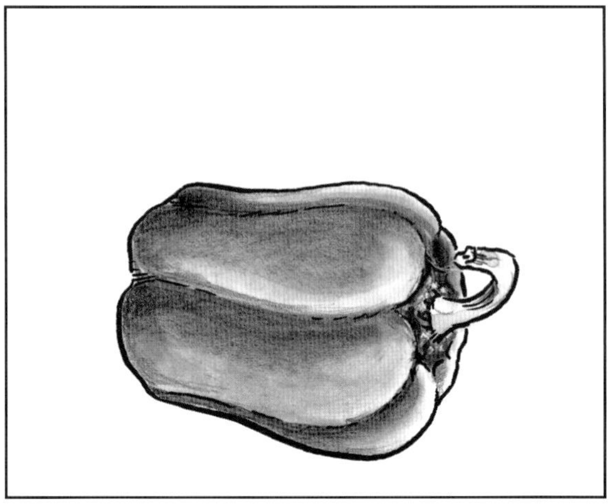

Die Maus ist auf der Paprika.

Max spielt mit dem Ball.

Bunte Blumen wachsen im Gras.

Das Kind sitzt im Sandkasten.

Der Affe klettert auf dem Baum.

BVK DE90 • Sonja Thomas: Ich lese Deutsch – Band 2

Name: ________________________ Datum: ____________

Bin ich ein Obst?

Lies und ☒ kreuze an.

eine Traube		
eine Zwiebel		
eine Orange		
eine Birne		
ein Salat		
eine Erdbeere		
eine Kirsche		
eine Paprika		
eine Pflaume		
Mais		
eine Gurke		
eine Banane		
ein Pilz		
ein Apfel		
eine Zitrone		
eine Tomate		
eine Brombeere		
eine Bohne		
ein Blumenkohl		
eine Zucchini		

BVK DE90 • Sonja Thomas: Ich lese Deutsch – Band 2

Name: ______________________ Datum: ______________

Für Zahnprofis

Lies und verbinde.

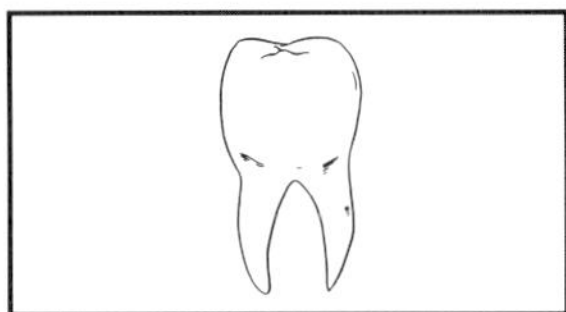	der Zahnarztstuhl	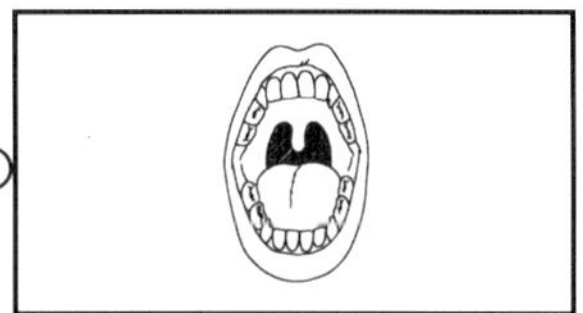
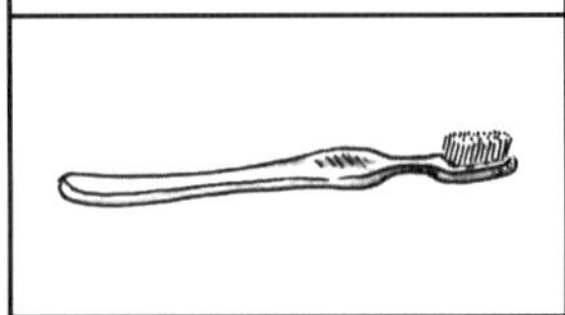	das Gebiss	
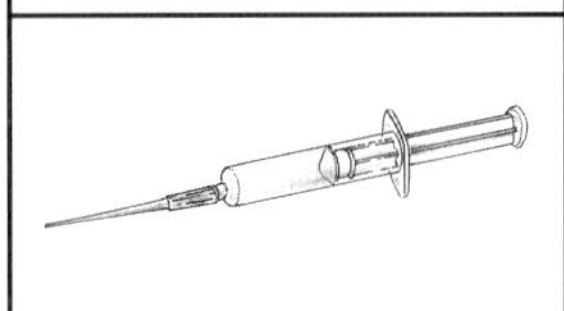	die Zahnbürste	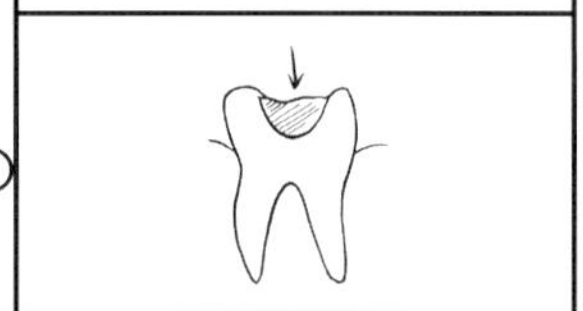
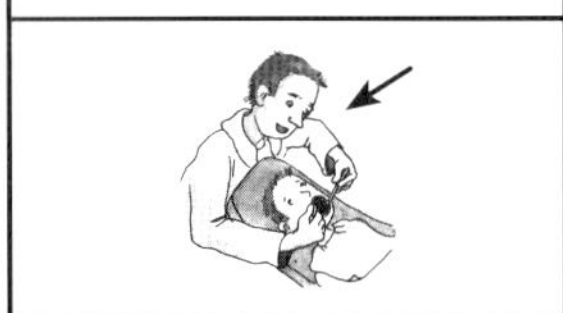	der Mundschutz	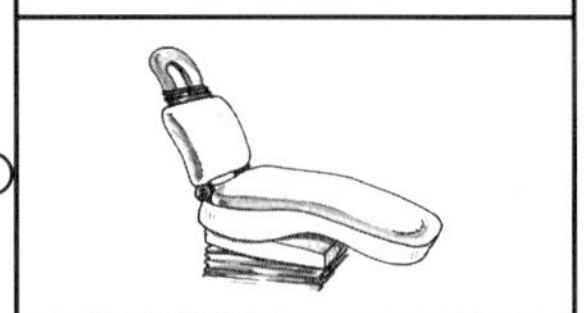
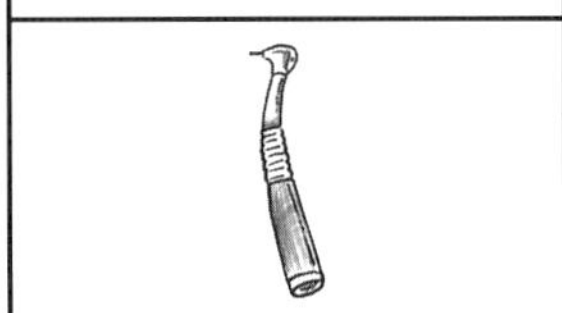	das Loch	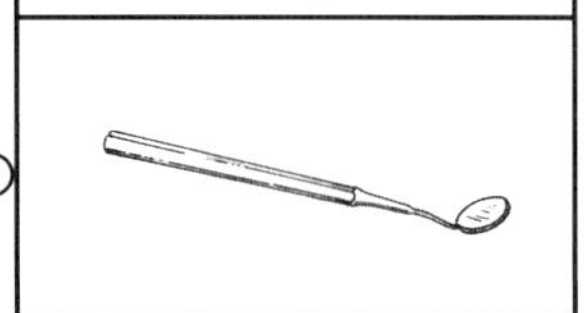
	der Bohrer	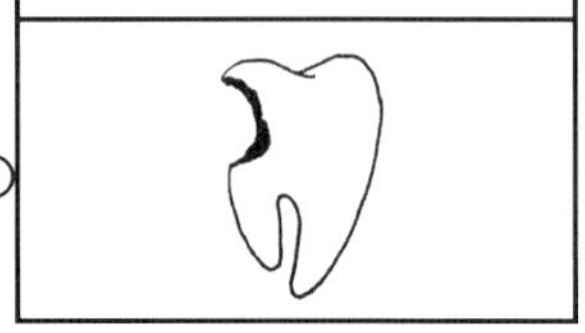
	die Spritze	
	der Spiegel	
	die Füllung	
	der Zahnarzt	
	der Zahn	
	die Zahnschmerzen	

Lies und male an.

Male die Füllung im Zahn grau.
Male den Bohrer grün.
Male den Zahn mit dem Loch orange.
Male die Spritze lila.
Male den Mundschutz rosa.
Male die Zahnbürste grün.
Male dem Kind mit Zahnschmerzen eine blaue Nase.
Male drei schwarze Zähne in das Gebiss.
Male den Zahnarztstuhl rot und blau.
Male dem Zahnarzt gelbe Haare.
Male den Zahn oben links rot.
Male den Spiegel grau.

BVK DE90 • Sonja Thomas: Ich lese Deutsch – Band 2

Name: ______________________ Datum: ______________

Was gehört zusammen? 1

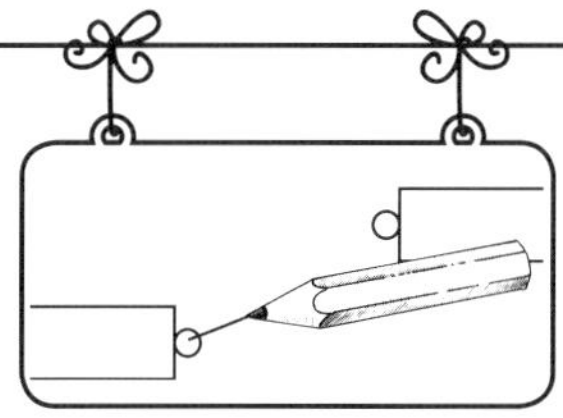

Lies und verbinde.

Anton schreibt	auf einen Baum.
Funda spritzt	Tim zum Geburtstag.
Anja klettert	in der Schule.
Tilo gratuliert	mit Wasser.

Papa mäht immer	in der Pause.
Ali mag am liebsten	den Rasen.
Olga spielt immer	auf dem Trampolin.
Tina springt am liebsten	Kuchen.

BVK DE90 • Sonja Thomas: Ich lese Deutsch – Band 2

Name: ______________________ Datum: ____________

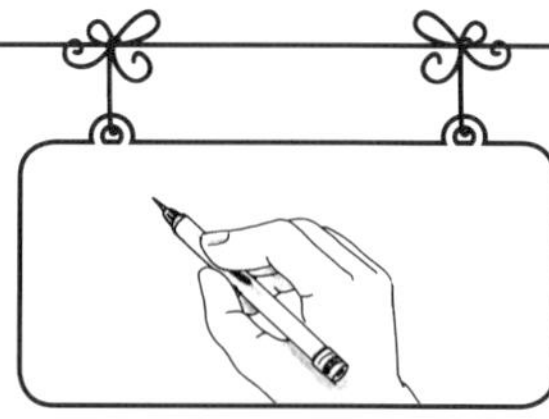

Für Zeichenexperten 2

Lies die Sätze und male.

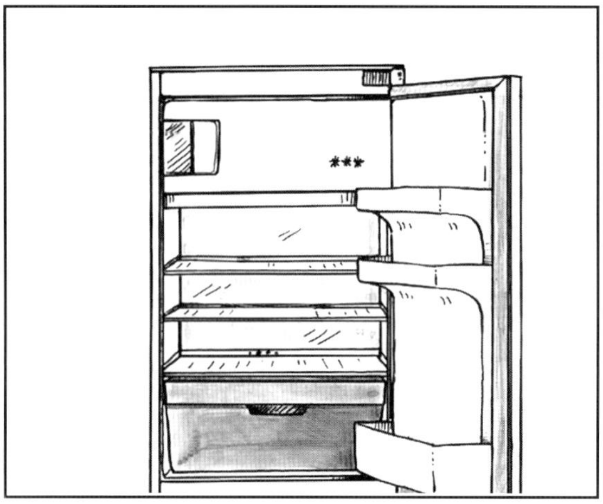

Im Kühlschrank ist Käse.

Der Zahnarzt hat einen Mundschutz.

Der Sandkasten steht auf dem Schulhof.

Im Teich schwimmen vier Enten.

Der Topf steht auf dem Herd.

Der Teppich liegt im Wohnzimmer.

BVK DE90 • Sonja Thomas: Ich lese Deutsch – Band 2

Name: ______________________ Datum: ______________

Wer ist wer?

Lies die Sätze.

Schreibe die richtigen Nummern in die Kästen.

 ☐ 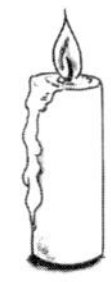 ☐ 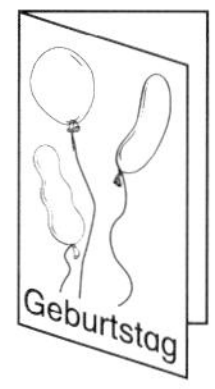

☐

 ☐  ☐  ☐

 ☐  ☐  ☐

 ☐  ☐  ☐

Nummer 1: Hier ist eine Girlande.
Nummer 2: Hier ist ein Luftballon.
Nummer 3: Hier ist ein Kuchen zum Geburtstag.
Nummer 4: Hier spielen Kinder.
Nummer 5: Hier gratuliert ein Kind dem anderen Kind.
Nummer 6: Hier ist ein Geschenk.
Nummer 7: Hier sind die Gäste.
Nummer 8: Hier ist eine Kerze.
Nummer 9: Hier ist eine Geburtstagskarte.
Nummer 10: Hier ist eine Luftschlange.
Nummer 11: Hier feiern Kinder.
Nummer 12: Hier trägt ein Kind eine Krone.

BVK DE90 • Sonja Thomas: Ich lese Deutsch – Band 2

Name: ______________________________ Datum: ______________

Für Zeichenexperten 3

Lies die Sätze und male.

Im Wald wachsen viele Pilze.

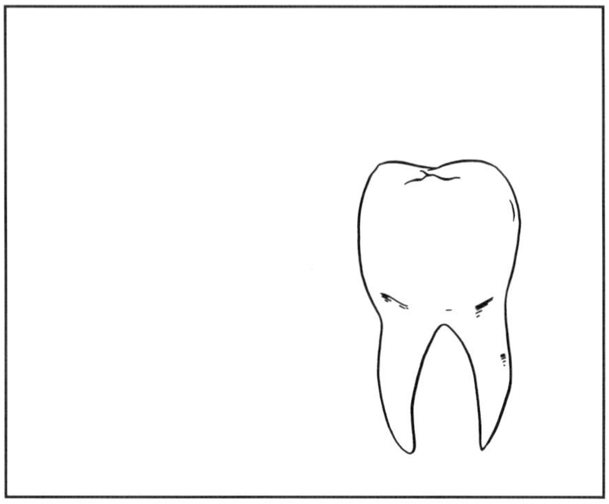

Der Wurm putzt den Zahn.

Die Kinder essen Brombeeren.

Das Mädchen sitzt auf der Schaukel.

Sven trägt eine Krone auf dem Kopf.

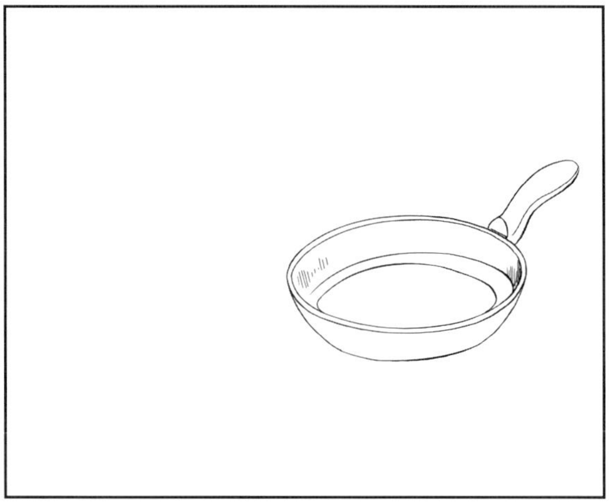

Die Pfanne steht neben dem Topf.

BVK DE90 • Sonja Thomas: Ich lese Deutsch – Band 2

Name: ______________________ Datum: ____________

Da ist doch was falsch 1

☒ Kreuze das falsche Wort an.

bauen	bohren	brauchen	ändern
☐	☐	☐	☐
tanzen	klettern	viele	singen
☐	☐	☐	☐
Birne	Baum	Brombeere	Zitrone
☐	☐	☐	☐
Bett	Schule	Schrank	Regal
☐	☐	☐	☐
Banane	Lampe	Fernseher	Teppich
☐	☐	☐	☐
Kuchen	Kerze	Zucchini	Geschenk
☐	☐	☐	☐
Gras	Rasenmäher	Gartenzaun	Spiegel
☐	☐	☐	☐
Zeit	Stift	Stunde	Uhr
☐	☐	☐	☐

BVK DE90 • Sonja Thomas: Ich lese Deutsch – Band 2

Name: ______________________ Datum: ______________

Für Zeichenexperten 4

Lies die Sätze und male.

Die Nachbarin baut eine Sandburg.

Die Banane ist in der Schale.

Maya springt auf dem Trampolin.

Der Zahnarzt lächelt.

Die Banane hat einen Hut.

Lutz spielt mit einem Spielzeugauto.

BVK DE90 • Sonja Thomas: Ich lese Deutsch – Band 2

Name: ______________________ Datum: ______________

Was gehört zusammen? 2

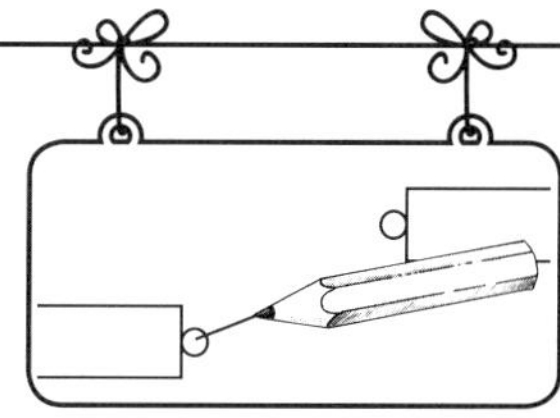

Lies und verbinde.

Lisa erzählt	auf der Rutsche.
Fabian hüpft	im Badezimmer.
Jannik rutscht	von Affen und Bären.
Kevin tanzt	auf dem Schulhof.

Leon spielt gerne	Tischtennis.
Melek springt gerne	mit Stelzen.
Maya läuft gerne	auf dem Sessel.
Pia spielt gerne	Fußball.
Paulina sitzt gerne	Seilchen.

BVK DE90 • Sonja Thomas: Ich lese Deutsch – Band 2

Da ist doch was falsch 2

☒ Kreuze das falsche Wort an.

Pedalo	Stelze	Seilchen	Toilette
☐	☐	☐	☐
Paprika	Mais	Erdbeere	Salat
☐	☐	☐	☐
Puppe	Traube	Spielzeugauto	Schaukelpferd
☐	☐	☐	☐
Wippe	Waschmaschine	Kühlschrank	Herd
☐	☐	☐	☐
Schaukel	Klettergerüst	Schultasche	Sandkasten
☐	☐	☐	☐
mähen	Teich	säen	harken
☐	☐	☐	☐
Teich	Teppich	immer	Topf
☐	☐	☐	☐
Wurm	Körner	Elch	Ente
☐	☐	☐	☐

BVK DE90 • Sonja Thomas: Ich lese Deutsch – Band 2

Name: ______________________ Datum: ______________

Geburtstag

Wem gehört welcher Kuchen?

Schreibe die richtigen Namen auf die Linien.

Male die Kuchen richtig an.

______________ ______________ ______________

Melek ist sieben Jahre alt.
Auf Antons Kuchen sind acht Kerzen.
Pias Kuchen ist in der Mitte rot wie eine Kirsche.
Meleks Kerzen sind grün.
Pia ist erst vier Jahre alt.
Meleks Kuchen ist gelb und braun.
In der Mitte ist Antons Kuchen lila.
Pias Kerzen sind blau.
Antons Kuchen ist oben und unten schwarz.
Pias Kuchen ist oben und unten gelb.
Antons Kerzen sind rot.

BVK DE90 • Sonja Thomas: Ich lese Deutsch – Band 2

Name: ______________________________ Datum: ______________

Für Zeichenexperten 5

Lies die Sätze und male.

Lisa schaut in den Spiegel.

Dennis baut mit Bausteinen.

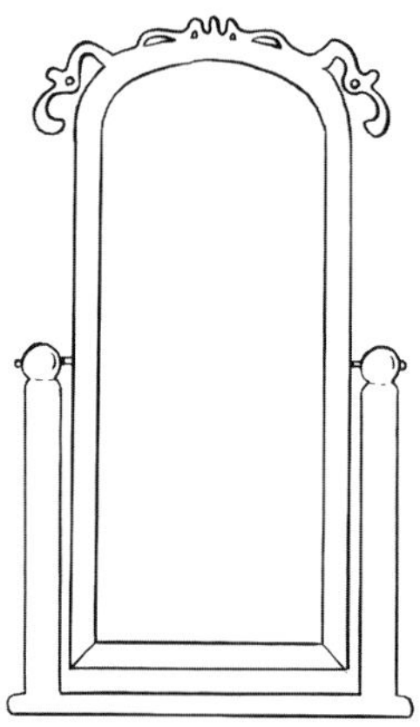

Mama putzt den Spiegel.

Anton springt mit dem Seilchen.

Taylan übt mit dem Pedalo.

Oma gießt die Blumen.

BV< DE90 • Sonja Thomas: Ich lese Deutsch – Band 2

Name: ______________________ Datum: ______________

In meinem Haus

Was gehört in das Haus? ☒ Kreuze an.

- ☐ der Spiegel
- ☐ das Bett
- ☐ das Pedalo
- ☐ der Schrank
- ☐ die Wippe
- ☐ der Sessel
- ☐ der Fernseher
- ☐ das Gras
- ☐ der Teppich
- ☐ der Rasenmäher
- ☐ das Sofa
- ☐ der Herd
- ☐ der Baum
- ☐ der Computer
- ☐ der Frosch
- ☐ der Brunnen
- ☐ der Kühlschrank
- ☐ die Hecke
- ☐ die Sandburg
- ☐ die Spülmaschine
- ☐ der Zaun
- ☐ das Gartenhaus
- ☐ das Badezimmer
- ☐ die Toilette

Lies und male an.

Das Gras ist grün.
Der Kamin ist braun.
Das Haus ist rot und gelb und orange.

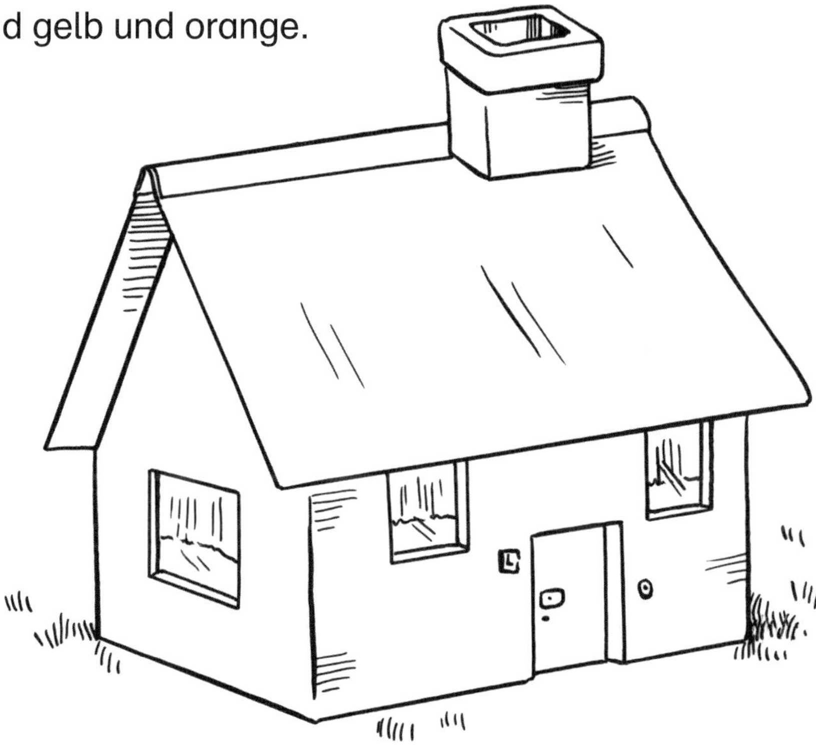

BVK DE90 • Sonja Thomas: Ich lese Deutsch – Band 2

Name: ______________________________ Datum: ______________

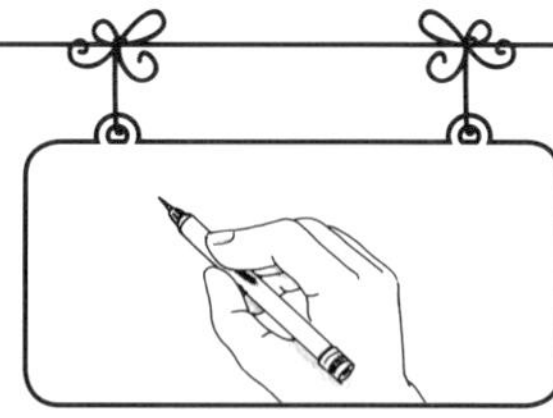

Für Zeichenexperten 6

Lies die Sätze und male.

Der Computer ist grau.

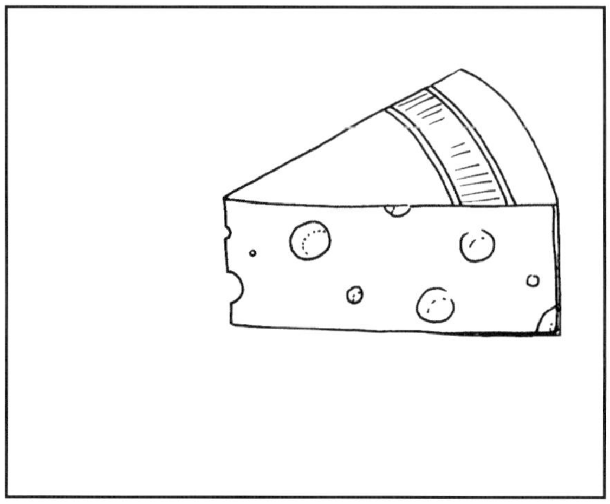

Die Mäuse essen das Käsestück.

Der Apfel liegt neben dem Schrank.

Fünf Kinder spielen auf dem Schulhof.

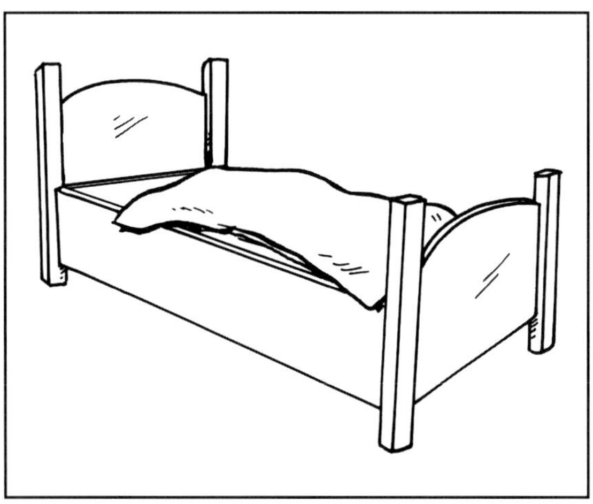

Das Kissen liegt auf dem Bett.

Die Kinder rutschen.

BVK DE90 • Sonja Thomas: Ich lese Deutsch – Band 2

Name: ______________________ Datum: ______________

Da ist doch was falsch 3

☒ Kreuze das falsche Wort an.

Zucchini ☐	Blumenkohl ☐	Tomate ☐	Kirsche ☐
Luftballon ☐	Reckstange ☐	Luftschlange ☐	Girlande ☐
Zitrone ☐	Zahn ☐	Zahnarzt ☐	Zahnbürste ☐
Schaufel ☐	Harke ☐	Gießkanne ☐	Lampe ☐
Hecke ☐	Dinge ☐	Baum ☐	Blume ☐
Kuchen ☐	Käse ☐	Topf ☐	Kamin ☐
Trampolin ☐	Kinderzimmer ☐	Wohnzimmer ☐	Badezimmer ☐
Torwand ☐	Basketballkorb ☐	Fußballtor ☐	Puzzle ☐

BVK DE90 • Sonja Thomas: Ich lese Deutsch – Band 2

Name: ____________________ Datum: ____________

Welches Zimmer gehört wohin?

Schreibe die richtigen Namen auf die Linien.

Das Kinderzimmer ist unten rechts.
Das Schlafzimmer ist über dem Kinderzimmer.
Das Badezimmer ist klein.
Der Abstellraum ist oben.
Das Wohnzimmer ist zwischen dem Abstellraum und dem Schlafzimmer.
Die Küche ist unten links.

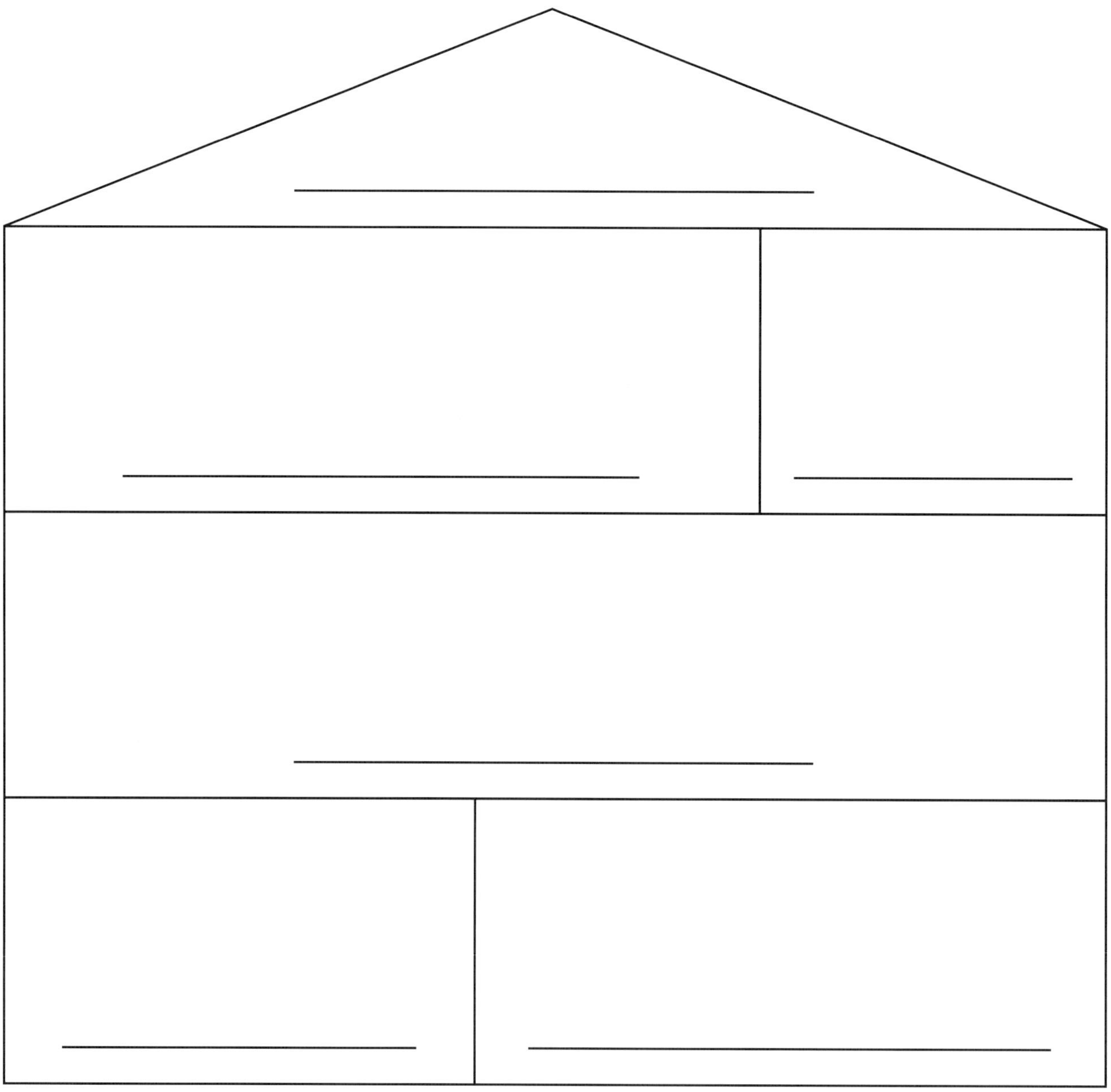

BVK DE90 • Sonja Thomas: Ich lese Deutsch – Band 2

Name: ______________________________ Datum: ______________

Für Zeichenexperten 7

Lies die Sätze und male.

Ole klettert in das Baumhaus.

Die Bücher liegen im Badezimmer.

Opa steht hinter dem Fußballtor.

Rhoda bekommt ein Geschenk.

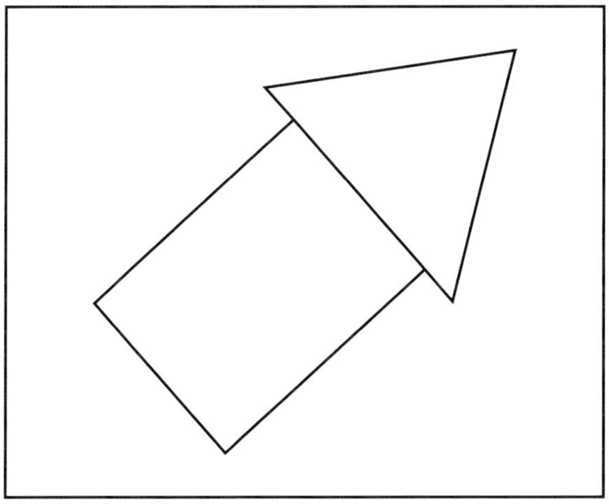

Der Pfeil ist rot und grün.

Oma steht auf dem Skateboard.

BVK DE90 • Sonja Thomas: Ich lese Deutsch – Band 2

Name: ______________________ Datum: ____________

Bauernhoftiere

Wer lebt auf dem Bauernhof? ☒ Kreuze an.

das Schwein	☐ ja	☐ nein
der Igel	☐ ja	☐ nein
der Hund	☐ ja	☐ nein
die Ameise	☐ ja	☐ nein
die Katze	☐ ja	☐ nein
die Maus	☐ ja	☐ nein
der Tiger	☐ ja	☐ nein
die Gans	☐ ja	☐ nein
der Hase	☐ ja	☐ nein
das Lama	☐ ja	☐ nein
die Möwe	☐ ja	☐ nein
die Giraffe	☐ ja	☐ nein
das Schaf	☐ ja	☐ nein
das Pferd	☐ ja	☐ nein

Male vier Bauernhoftiere in die Kästen.

BVK DE90 • Sonja Thomas: Ich lese Deutsch – Band 2

Name: ______________________ Datum: __________

Für Zeichenexperten 8

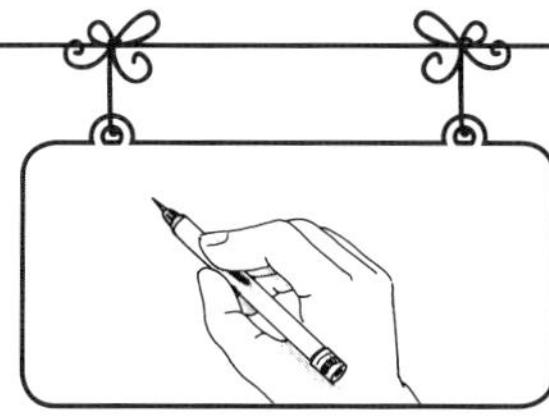

Lies die Sätze und male.

Vor dem Fernseher spielen Kinder.

Wir feiern Geburtstag.

Dilara springt Gummitwist.

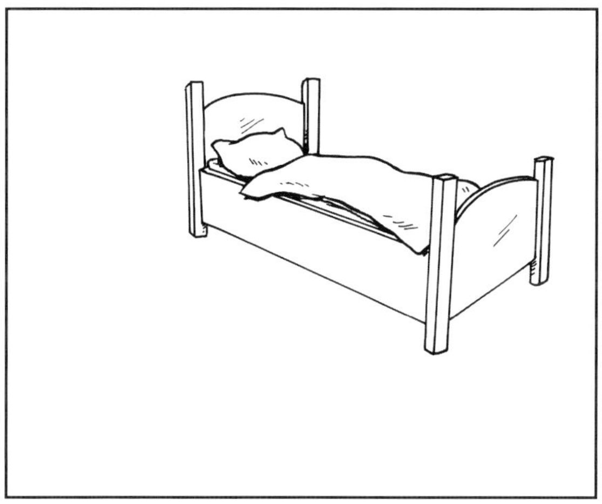

Der Hund ist im Schlafzimmer.

Das Sofa steht im Wohnzimmer.

Papa mäht das Gras.

BVK DE90 • Sonja Thomas: Ich lese Deutsch – Band 2

Name: ______________________ Datum: ____________

Das Wörter-Abc

Welcher Buchstabe fehlt? Schreibe in die Lücke.

der ___ffe	der ___ais
das ___aumhaus	die ___achbarin
der ___omputer	der ___pa
der ___inosaurier	der ___ullover
der ___lefant	der ___eis
der ___isch	die ___itzecke
der ___artenschlauch	der ___eller
die ___arke	das ___nterhemd
die ___nstrumente	der ___ogel
der ___unge	das ___ürstchen
die ___letterwand	die ___itrone
der ___ehrer	

Schreibe das Alphabet auf.

A, B, C, D, ______________________________

____

____

____

BVK DE90 • Sonja Thomas: Ich lese Deutsch – Band 2